Falar em público
Desafio e sucesso

Falar em público
Desafio e sucesso

Margarida Maria Mongin

EDITORA
AVE-MARIA

© 2008 by Editora Ave-Maria. All rights reserved.
Rua Martim Francisco, 636 – CEP 01226-000 – São Paulo, SP – Brasil
Tel.: (11) 3823-1060 • Fax: (11) 3660-7959
Televendas: 0800 7730 456
editorial@avemaria.com.br • comercial@avemaria.com.br
www.avemaria.com.br

ISBN: 978-85-276-1210-4
Printed in Brazil – Impresso no Brasil

2. ed. – 2010

Capa: Carlos Eduardo P. de Sousa

Dados Internacionais de Catalogação na Publicação (CIP)
(Câmara Brasileira do Livro, SP, Brasil)

Mongin, Margarida Maria
Falar em público: desafio e sucesso / Margarida Maria Mongin. –
São Paulo: Editora Ave-Maria, 2008.

Bibliografia.
ISBN 978-85-276-1210-4

1. Falar em público 2. Oratória I. Título.

08-05053   CDD-808.51

Índices para catálogo sistemático:
1. Arte de falar em público: Retórica   808.51
2. Falar em público: Retórica   808.51

Diretor Geral: Marcos Antônio Mendes, CMF
Vice-Diretor: Oswair Chiozini, CMF
Diretor Editorial: Luís Erlin Gomes Gordo, CMF
Diretor Comercial: Maciel Messias Claro, CMF
Gerente Editorial: J. Augusto Nascimento
Revisão: Adelino Coelho, Marcia Alves, Isabel Ferrazoli,
    Vera Quintanilha e Maria Alice Gonçalves
Diagramação: Carlos Eduardo P. de Sousa

Dedicatória

Dedico este livro à minha família, que sempre me apoiou e é sustentáculo na minha caminhada, aos meus alunos e ex-alunos de oratória e a todas as pessoas que sentem o chamado para anunciar o reino de Deus e querem fazê-lo da melhor maneira possível.

Homenagem

A meu pai, José Mongin, que em vida foi um grande apóstolo e, corajosamente, anunciou o Evangelho com palavras e ações, levando muitos a experimentarem a presença de Deus. À minha mãe, Elisa Calenzani Mongin, mulher de fé e guerreira, que tanto me amou e soube me educar na fé cristã. Hoje, com certeza, desfrutam da glória celeste e junto aos anjos louvam ao Senhor face a face, intercedendo por todos que anunciam o reino de Deus.

Agradecimentos especiais

- Ir. Otilde F. Oliveira, grande incentivadora, madrinha e ponte deste trabalho.
- Luciana Marquesini Mongin que, com carinho e dedicação, revisou e deu formato aos meus escritos.
- Padre Bruno Carneiro Lira, OSB, que com carinho fez o prefácio.
- Aos ex.mos e rev.mos bispos:

  Dom Jorge Tobias de Freitas, bispo emérito de Nazaré (PE), parte fundamental na minha vida e está comigo em todos os momentos como pai espiritual e especial amigo.

  Dom Bernardino Marchió — bispo de Caruaru (PE), pela amizade e apoio aos meus trabalhos.

  Dom Severino Batista de França, bispo de Nazaré (PE), pela confiança e apoio ao trabalho que desenvolvo em sua diocese.

  Dom Célio de Oliveira Goulart, bispo da minha diocese natal, Cachoeiro de Itapemirim (ES).

- A todo o clero da Diocese de Nazaré (PE), que sempre me acolhe em suas paróquias.
- Aos amigos: Edilene e Erenita Monteiro, padre Pedro Nascimento, padre José Carvalho, padre Antônio Inácio,

Dulce Diogo, Mercês e Sebastião Almeida, Severino Ramos, Paulo Bogossian, Nilson Baptista, Luiz Roberto Rezende, Geni Vidal, Liduína e Jorge Potella, Adília Gobbo, Cláudia e Emanuel Coutinho, Thereza Cruz, Diva Casagrande, Suzana Khouri, Bernadete Longue, Aucéia, Anaíde e Fátima Arrivabene, Silvia e Laurindo Poleto que, de alguma forma, fazem parte da minha vida. Às novas comunidades "Obra de Maria", que foi canal de Deus para o início de minha vida missionária em Pernambuco, e "Crux Sacra" (Filhos de Maria), que tem sido indispensável sustentáculo na continuidade de minha caminhada.

Sumário

Prefácio 11
Introdução 15
O que é falar em público? 17
Medo de falar em público 19
A unção 21
A oratória como relacionamento humano 23
Perfil ideal do orador 27
Temas para reflexão 57
Referências bibliográficas 67

Prefácio

Os seres humanos se caracterizam por terem como um dos veículos de comunicação a linguagem verbal em suas duas modalidades oral e escrita. Para bem usar a modalidade oral é que a autora da presente obra, Margarida Mongin, propõe-se, por meio de técnicas e do método de contar histórias, a dar orientações seguras sobre o bom desempenho da oratória, um dos caminhos mais poderosos do processo de comunicação. Sabemos que comunicar significa tornar algo em comum, ou seja, nossos pensamentos, sentimentos, necessidades. Roman Jackobson (1826 — Moscou, 1982 — Cambridge), ao teorizar os processos comunicativos na relação entre um emissor e um receptor, mediante a mediação do canal e de um código para que a mensagem chegue sem ruídos aos destinatários, deixa bem claro que as escolhas (do canal e do código) deverão ser feitas com adequação linguística a fim de que a mensagem seja totalmente entendida e processada pelos receptores.

Nesse sentido, a autora mostra-se com uma concepção de língua muito mais na perspectiva da interação, como atividade e em uso, do que como a simples representação do pensamento. E, assim, devemos entendê-la na perspectiva apresentada por Marcuschi: a língua é heterogenia, devido a ser contextual, por isso mesmo indeterminada e opaca, sem transparência, já que pela sua própria dinâmica não se pode determiná-la. É, ainda, sócio-histórica e cognitiva. Por esta mutabilidade, origina-se a importância das adaptações aos diversos públicos e culturas.

A língua, como código verbal, é poderosa no processo de comunicação e por isso deverá ser bem utilizada pelos seus usuários. Partindo da teorização saussuriana, sabe-se que o signo linguístico só será totalmente entendido se todos os seus elementos (significante e significado) forem bem compreendidos pela mesma comunidade de falantes. Assim sendo, deverá ser uma preocupação constante daquele que deseja comunicar algo, buscar o código ideal, as palavras certas para que sua mensagem seja suficientemente internalizada. Sem esquecer, ainda, dos suprassegmentos linguísticos, indispensáveis na comunicação oral e para grandes públicos. Esses suprassegmentos são, justamente, aqueles aspectos da linguagem que a escrita não pode grafar: entonação, altura, ritmo, respiração.

É dentro deste cenário de linguagem que Margarida Mongin, sentindo a necessidade de informar ao público religioso e empresarial sobre a importância da oratória no processo comunicativo e de motivação, elaborou este texto claro e lógico, partindo de suas experiências como conferencista do tema, tanto em encontros eclesiais como empresariais. No bloco mais teórico, aborda as técnicas da oratória, sobretudo para aqueles que sentem dificuldade de falar em público, e em seguida propõe três temas ilustrativos (fé, servir e sentido da cruz) para pregações e palestras. Todos com sua aplicabilidade social em seus diversos contextos de uso.

Nos dias atuais sabemos da grande importância das discussões sobre significação e sentido, por isso os estudos nessa linha têm como referência aspectos linguísticos não isolados de seus contextos de uso nas determinadas situações de fala. A autora faz uso e expõe muito bem essa dinâmica quando trata as palestras como relacionamentos humanos, como instrumento de humanização que poderá quebrar com o paradigma da complexidade — o qual, no dizer de Edgar Morin, é incerto e duvidoso.

Por meio da fala dita no espaço correto, para as pessoas certas, pode-se criar verdadeiros laços humanos a ponto de se construir comunidades ligadas pelos laços da partilha e da troca dos conhecimentos que tenham em vista a transformação social e a melhor qualidade de vida para o homem e a mulher do terceiro milênio. Como vemos, aquele que se dirige a alguém deve ter muita clareza daquilo que vai falar: para que, para quem falar e como? É para responder a esse "como" que esta obra foi escrita, tanto em sua parte inicial, ao apresentar as 15 dicas para uma boa oratória mediante elementos verbais, sinestésicos e semióticos envolvendo todo o ser falante, como na parte de aplicação em que a autora, valendo-se de histórias contextualizadas, apresenta os três temas já citados anteriormente, os quais poderão ter aplicabilidade social, tanto para pregadores como para o mundo empresarial.

O método de contar e ler histórias sempre prendeu ouvintes e leitores, geralmente por meio de textos narrativos com personagens, espaço, tempo, clímax e desfecho, em linguagem denotativa ou conotativa, com a finalidade de levar os mesmos a tirarem lições de vida.

Margarida deixa bem clara a sua experiência de fé, a necessidade da unção do Espírito Santo para que as palestras tenham frutos, mostrando que o ser humano será sempre transcendental e necessita da inspiração do alto ao falar em público.

O livro, portanto, constitui-se como uma referência para aqueles que desejam fazer melhor o uso da palavra em público sem os medos e atropelos de tantos, que sem uma orientação segura se deparam com situações de usos linguísticos orais em que, em vez de atingir sua plena significação no ato de comunicar, não chegam a passar a mensagem de maneira clara e convincente.

Usando uma metáfora da autora, cremos que, lendo e pondo em ação a presente obra, nos tornaremos cada vez mais pipocas brancas e macias em vez de piruás que só têm o lixo como destino. Valorizando o poder da cruz de Cristo que, para aqueles que creem, será, sempre, trono e sinal de vitória, pois pelo poder radiante da cruz vemos a derrota do mal.

Que o nosso Pai do céu encha de bons frutos todos os leitores deste texto!

Padre Bruno (Francisco Edson) Carneiro Lira, OSB*

* Mestre em Ciências da Linguagem pela Universidade Católica de Pernambuco (UNICAP). Professor Adjunto da Faculdade Pernambucana (FAPE IV) e Supervisor Pedagógico da Educação de Jovens e Adultos (EJA) do SESC-Santo Amaro (PE).

Introdução

Em 1980, pela segunda vez, eu participava de um grupo de oração da Renovação Carismática no bairro Praia da Costa, em Vila Velha, Espírito Santo. Até então, sem saber exatamente o que era esse movimento, sem conhecer a sua organização, sem saber que havia alguém preparado para pregar, etc. Eu só sabia que ele pertencia à Igreja Católica.

Naquela noite, em meio a uma reunião desse grupo de oração, o Espírito Santo me impeliu para que eu anunciasse a palavra. Levantei, abri a *Bíblia* no evangelho de São Lucas, proclamei a leitura e fiz a reflexão. Somente quando terminei, foi que percebi o que tinha acontecido. Eu havia pregado a palavra no lugar de alguém. Eu só tinha falado em público uma vez, em uma garagem, acompanhando meu pai em suas evangelizações no bairro Ilha do Coco, em Iconha (ES), que, na época, era formado por poucas casas. A partir desse dia eu estava inserida em um ministério escolhido por Deus.

Desde então, comecei a receber muitos convites para pregar a palavra de Deus e, ao mesmo tempo, minha vida profissional foi sendo direcionada para o uso da comunicação oral, de tal forma que me tornei professora de oratória e atuo dando cursos e palestras desde 1986, no âmbito religioso e empresarial. Como uma das orientações para um bom orador é mostrar o que se fala, adotei a técnica de contar histórias para cristalizar, reafirmar, coroar o tema abordado. Isso tanto na Igreja quanto nas empresas onde dou consultorias e ministro cursos de vários temas, não só oratória. Percebi que alguém bem antes de mim e bem mais inteligente do que eu já havia descoberto tal técnica e vi que só me restava imitá-lo: Jesus Cristo. Ele só pregava contando histórias (parábolas) para facilitar a sua comunicação com os povos.[1]

Fui, então, colecionando e escrevendo histórias. Meus amigos e alunos sempre as enviam para mim, porque sabem que as aprecio, faço adaptações e as uso. Elas passaram a ser uma referência minha. Mas sempre que termino uma pregação, uma reflexão, um ensinamento, uma palestra ou um curso, seja na igreja ou nas empresas, alguém vem pedir-me material que os ajude a falar melhor em público. Creio que, mais uma vez, o Espírito Santo me impeliu a escrever e partilhar o que sei e o que tenho recebido de Deus gratuitamente.

Espero que, com este livro, caro leitor, você cresça como pessoa, como profissional, melhore a comunicação no seu ambiente de trabalho e anuncie com mais poder e veemência o amor e a justiça propostos no reino de Deus, e, ainda, que esta leitura, independente de sua religião, o ajude na sua opção de cristão: viver, testemunhar e anunciar o Evangelho.

Conheço empresários, palestrantes, políticos, vendedores que, mesmo sem serem praticantes de alguma religião, pedem a unção do Espírito Santo, rezam antes de prepararem os seus discursos e de se apresentarem. Com certeza, esses terão mais sucesso.

As técnicas aqui apresentadas são fáceis e servem para qualquer pessoa que fala em público, indiscriminadamente.

---

1. Durante todo o livro, o leitor encontrará várias citações e referências bíblicas, mesmo nos momentos em que há um direcionamento para o público empresarial. Isso se dá por ser um livro universal, atual e de aplicabilidades múltiplas em relação ao ato de falar em público e, também, por entender que a palavra de Jesus Cristo se aplica às mais variadas situações de nossa vida, tanto pessoal quanto profissional.

O que é falar em público?

Um livro, palavra escrita, pode gerar uma revolução. Mas a eloquência, palavra falada, pode a desencadear. Um livro age vagarosamente; a eloquência, vertiginosamente. (Hélio Sodré)

É fantástica essa afirmação do escritor Hélio Sodré. Aliada ao pensamento de Sócrates, "Fale para que eu te veja", resume toda a necessidade que o homem tem de melhorar a sua comunicação verbal para melhor ser compreendido em seu relacionamento humano, quer na vida pessoal ou profissional. Daí a necessidade do aperfeiçoamento.

Falar em público se dá todas as vezes em que pronunciamos qualquer palavra. Ao desejar um "bom dia" a alguém, você está falando em público. Já pensou nisso? Conforme você coloca a impostação, que quer dizer emitir corretamente a voz, conforme você coloca o som na palavra associado ao seu verdadeiro desejo de externá-lo, vai, com certeza, trazer o retorno ou não. Você pode desejar um "Bom Dia" ou um "Booom Diiia!!". Às vezes, na igreja, fico triste quando o celebrante fala "O Senhor esteja convosco" totalmente sem vida, sem alegria, e o povo responde "Ele está no meio de nós" também sem vida, sem alegria, parece não acreditar no que está falando. Ao passo que se ele usar a expressão de sorriso, de alegria e colocar na palavra dita a entonação e a impostação que quer dizer "vida", a assembleia não só responderá com vida, mas sentirá o que está falando: a presença de Deus. Acontece o mesmo nas empresas quando o chefe chega à sala. Cerca de 40%

da produtividade de sua equipe naquele dia dependerá da oratória do cumprimento, do primeiro contato. Faça a experiência e perceba como muda, de verdade, a resposta que o outro dá a você. Para palestras, pregações e discursos aplica-se a mesma técnica. Esta é a base, é o alicerce para se usar os outros recursos, as outras técnicas. A empatia inicial, o primeiro contato determina a compreensão e o relacionamento com o seu interlocutor. De nada adianta usar recursos sofisticados e de última geração na sua fala, se não foi usada adequadamente a oratória nos primeiros minutos.

Também é importante uma boa entonação, que é a modulação da fala que vai caracterizar a linha melódica da frase. Entonação é a música da linguagem. Falar bem é falar no tom certo, como se cada palavra, cada sílaba representasse uma nota musical. Algumas pessoas falam no mesmo tom, falam baixo ou falam alto durante todo o discurso. Além de ser cansativo, a mente dos ouvintes vai ficando acostumada com o mesmo som e a capacidade de atenção, captação e compreensão do que está sendo dito é automaticamente diminuída. Quando o orador[2] modula a sua voz variando a frequência do som, ou seja, aumentando e diminuindo gradativamente e sem exageros, o ouvinte é despertado e capta muito mais o conteúdo do que está escutando. Falarei sobre a voz mais adiante.

Mesmo se nascemos com essa facilidade ou se gostamos de falar em público, precisamos exercitar; se temos dificuldades ou não gostamos, precisamos aprender. É possível aprender.

"Ah! Senhor JAVÉ, eu nem sei falar" (...). Replicou o Senhor: "(...) dirás o que eu te ordenar". (Jeremias 1,6-7)

"Pois Deus não nos deu um espírito de timidez, mas de fortaleza, amor e sabedoria." (2Timóteo 1,7)

Só depende de você: estude e pratique o máximo que puder.

---

2. Usarei o termo "orador" para me referir àquele que fala em público em quaisquer situações: palestra, missa, leitura, culto, pregação, música, discurso, aviso e quaisquer outras formas de comunicação verbal.

Medo de falar em público

O medo de falar em público talvez seja o medo mais comum — tem a ver com o sentimento de perda do controle emocional da situação —, representa o medo de se deparar com alguma hostilidade, alguma pergunta que não se saiba responder.

Pesquisas mostram que, quando interrogadas sobre seus tipos de medo, como o de falar em público, o da morte, o da situação financeira ou o de bichos, mais de 50% das pessoas dizem ter medo de falar em público.

Há vários tipos de medo de falar em público. Algumas pessoas sentem-se seguras enquanto expõem seus pontos de vista, mas tremem na hora do debate. Outras não conseguem nem apresentar uma palestrante, fazer uma acolhida ou dar avisos, mas são eficientes na hora do debate.

Uma coisa é certa: por mais conhecidas que sejam as pessoas que compõem uma plateia, no momento em que se está falando deixam de ser conhecidas e passam a ser juízes. O inconsciente de quem fala sabe o tempo todo que os ouvintes podem ou não estar gostando, compreendendo, achando importante, percebendo seus erros, anotando coisas ou até, o que é pior, entendendo errado o que você está expondo. Uma forma de diminuir esse tipo de medo ou até de eliminá-lo é ter consciência de que ele existe e se preparar bem, utilizando da melhor forma possível os recursos de oratória.

Outros medos, como do microfone, de esquecer o conteúdo a ser dito, de terminar o tempo sem ter conseguido passar a mensagem, de que façam perguntas para as quais você não saiba a resposta, de vaias, etc., têm solução. Não se preocupe, até os maiores oradores ficam nervosos. Utilize, então, os recursos aqui oferecidos e terá sucesso.

A unção

Para quaisquer dos casos: Igreja Católica (Renovação Carismática ou tradicional), igrejas protestantes, empresas ou autônomos é imprescindível a unção do Espírito Santo. Antes de preparar qualquer trabalho, você deve se colocar na presença de Deus e pedir ao Espírito Santo a unção, os dons de discernimento, sabedoria e ciência para que, primeiro, entenda o que Deus quer e, depois, consiga entre a sua vontade e a dele optar pela sua vontade. Deus coloca moções em nosso coração por misericórdia do seu povo que nos escuta. Deus quer que seus filhos cresçam na vida espiritual e profissional. Quantas empresas teriam muito mais sucesso se assim o fizessem.

Aconteceu um fato comigo, na década de 1980, que me fez aprender muitas coisas que pude levar, inclusive, para a minha vida profissional. Eu estava passando férias em Ouro Preto, Minas Gerais. Fui convidada para pregar em um grupo de oração na periferia daquela cidade. Pediram que eu mesma escolhesse o tema. Fomos de jipe. As estradas eram ruins e de terra batida. Foi conosco um senhor simples, de "pés no chão", sentado próximo a mim. Chegando à igreja, fui rezar. Eu tinha escolhido um tema que eu achava que pregava muito bem, que já tinha sido muito elogiada. Vejam o tamanho da minha vaidade. Mas enquanto eu rezava, o Senhor colocava no meu coração que eu falasse sobre a importância de abrir a porta para que ele entrasse e que muitas pessoas ali estavam abrindo somente a janela. Não dei muita atenção. Afinal, como disse, já tinha recebido muitos elogios em pregações anteriores sobre o tema que havia escolhido. O que eu iria falar já estava na ponta da língua. Eu já podia ouvir os elogios. O ego e a autossuficiência falavam mais alto. Eu me sentia importante pregando ali, me sentia uma autoridade.

Quanta ilusão! O momento mais esperado chegou e comecei, bem segura, a fazer do meu jeito. Mas Deus, na sua compaixão por aquele povo, não deixaria passar em branco e continuou me inquietando. Ao final, eu, meio que sem querer, falei o que Deus insistia no meu coração. Terminada as atividades do grupo de oração, recebi os costumeiros abraços. Na volta, eu e o referido senhor sentamos no mesmo lugar e ele ousou dizer. Ousou, porque eu não teria aquela coragem. Ele apontou o dedo indicador para mim e disse: "A sua pregação fui muito boa, foi...". Eu nem esperei ele terminar e já fui falando para demonstrar humildade: "Ah! Foi Deus que falou por mim, que me usou". Ele continuou: "Sim, mas até as palavras *abrir a porta*, a senhora falou em seu nome, somente depois dessas palavras é que a senhora falou em nome do Senhor". Naquele momento, senti faltar o chão, fiquei desconcertada e senti muita vergonha de mim mesma. Vi que não sou nada e o quanto é preciso obedecer à voz do Senhor. Ele usou aquele homem de "pé no chão" que mal sabia falar para me exortar.

Muitos pregadores anunciam vontades humanas como se fossem vontades de Deus.

A oratória como relacionamento humano

A oratória eficiente é uma forma de relacionamento humano e não alguma coisa que se faz só e de forma isolada. Para qualquer palavra dita há um relacionamento humano entre quem fala e quem escuta.

A partir de um único texto de duas a três linhas, várias interpretações podem ser dadas. Afirmo que oratória é relacionamento humano por duas razões:

1. O homem vem de uma história de vida, teve uma formação, viveu em regiões diversas, conheceu coisas, estudou, assumiu posturas, etc. e tudo isso foi diferente de um outro homem. Ninguém tem a mesma história de outra pessoa. É como a impressão digital, cada um tem a sua. Portanto, quando vamos interpretar um texto e emitir uma opinião, o nosso "lado humano" se mostra automaticamente. A nossa história influi totalmente na nossa oratória.

2. A oratória tem de gerar mudança em quem a ouve, senão serão apenas palavras ao vento. Quando há preparação e unção, aí sim a oratória é eficaz e eficiente. Mas cuidado para não achar que tudo é unção. Tem orador que se empolga de tal maneira que fala além do necessário, cansando os ouvintes. Isso é falta de caridade. A oratória tem tempo cronológico para começar e tempo lógico para terminar.

A responsabilidade de um resultado positivo da oratória está 50% no orador e 50% em quem a ouve. Um bom orador não se contenta com apenas os seus 50%. Ele se dedica em facilitar a compreensão dos ouvintes com técnicas para que eles sejam envolvidos de tal forma que absorvam todo o conteúdo dito. É preciso gerar nos ouvintes uma cumplicidade, uma parceria para que o resultado seja um sucesso.

> *A palavra é metade de quem diz e metade de quem ouve.*
> (autor desconhecido)

Pergunte-se sempre:

O que estou falando? Eu acredito no que estou falando? Estou vivendo o que estou falando? Posso testemunhar? Ou são apenas palavras técnicas, decoradas ou meras conclusões? Se a sua resposta for sim, você está vivendo, está experimentando mesmo, então, é hora de fazer a próxima pergunta: só eu acho ou as pessoas podem dar testemunho por mim?

Vejam alguns exemplos bíblicos que podem ser aplicados também nas empresas:

Marcos 5,27: "(...) tendo ela ouvido falar de Jesus (...)". A hemorroísa só soube que Jesus curava, porque alguém testemunhou. Ela não podia sair de casa.

Marcos 10,46: "(...) chegaram a Jericó. (...) Bartimeu, que era cego, filho de Timeu. Sabendo que era Jesus de Nazaré, começou a gritar (...)".

Bartimeu nunca tinha visto Jesus. Era cego. Como então sabia que ele poderia curá-lo? Tinha ouvido falar, alguém testemunhou.

O testemunho funciona como uma ferramenta que ajuda a levar o outro a experimentar Jesus.

Muitas empresas gastam quantias absurdas com propagandas na mídia, quando na verdade o que precisam é oferecer qualidade nos produtos. O bom testemunho de quem compra arrasta multidões. O cliente satisfeito se encarrega de fazer a propaganda. É o testemunho.

No mundo empresarial, o testemunho, o exemplo do que já foi feito com sucesso, também exerce função semelhante, pois leva o outro a acreditar, a desejar fazer e a seguir as instruções que está recebendo, uma vez que ações duvidosas podem comprometer o desempenho de uma empresa.

A metodologia dos apóstolos é o testemunho. Vejam a fala de Pedro na casa de Cornélio em Atos dos Apóstolos 10,39: "E nós somos testemunhas (...)".

Todo pregador tem de ter testemunho de vida, mas cuidado! Muito pregador fala como se só com ele acontecesse aquela conversão, aquela cura, etc., dando a impressão de que é o melhor, o mais abençoado, o escolhido entre os homens, o mais amado por Deus. A plateia, em vez de sair feliz, edificada, sai triste porque pensa: "Estou longe de ser assim ou é impossível ser como ele".

O mesmo se aplica aos empresários bem-sucedidos que, ao testemunharem seus feitos, em vez de motivarem sua equipe, despertarem sua criatividade e elogiá-los, fazem que se sintam diminuídos e incapazes.

Tenha confiança. Nada é possível sem confiança. A primeira condição do sucesso é acreditar nele. Segundo o professor de expressão verbal Reinaldo Polito, com quem eu concordo, algumas ideias-condicionamentos são importantes para o sucesso na arte de falar em público. São elas:

1. Quando o medo aparecer, encare-o normalmente, porque ele é normal.

2. Controle o seu nervosismo. Relaxe, respire calma e profundamente, evite cacoetes como fumar, roer unhas, etc. Eu acrescento, ainda, o grave e perigoso recurso de beber antes de falar.

3. Tenha uma atitude correta. O auditório está interessado em ouvir um orador que demonstre atitude equilibrada.

4. Antes de pensar como, saiba o que falar. Falar sem saber o que é como pisar em campo minado.
5. Não pinte o diabo mais feio do que é. Deixe de pessimismo, limpe-se por dentro. O problema está em você.
6. Não adquira vícios. Nada de se apoiar em microfone, botões, estante, etc. São fugas.
7. Chame sua voz com a respiração. Nada de tossir. Não resolve o problema. Respire profundamente.

A prática lhe proporcionará o reflexo, como tudo na vida: dirigir um carro, primeiro dia de aula...

Perfil ideal do orador

É preciso buscar ser sempre:
- Responsável
- Estudioso
- Atualizado não apenas na sua área afim
- Paciente e perseverante
- Íntimo de Deus e pessoa de fé
- Humilde
- Verdadeiro
- Homem das bem-aventuranças
- Misericordioso, pobre e de coração puro: aquele que chora, que se compadece, que se coloca no lugar do outro
- Manso e pacífico
- Justo

É muito importante ter: sinceridade, lealdade e franqueza na oratória.

"Por isso não desanimamos deste ministério que nos foi conferido por misericórdia" (2Coríntios 4,1). Se Deus confiou a você o anúncio do Reino, tome posse. Deus não expõe os seus filhos. Ele os capacita para o trabalho, quer na vida espiritual quer na vida profissional. Ele escolhe os disponíveis e não somente os capacitados. Este livro pode ter chegado até você como plano de Deus para capacitá-lo. Conscientes da escolha de Deus, cabe a nós sermos responsáveis e procurarmos fazer o melhor.

Dicas práticas

Vou chamar de "dica" as orientações que ajudarão você que quer melhorar a sua oratória no dia a dia. É a partir da oratória cotidiana que se forma um grande orador. A pregação, a palestra, o discurso ou mesmo a fala comum na hora de dar um aviso, por exemplo, é um reflexo de como você fala no dia a dia:

Dica 1 — Voz

É a grande vilã do orador. A sugestão é prestar atenção na impostação, na entonação e pronunciar com nitidez a última palavra de uma frase, a última sílaba de uma palavra e a última letra de uma sílaba. Há pessoas que emendam o som da última sílaba com a próxima palavra, por isso não são bem compreendidas. Além disso, nem sempre se tem um equipamento de som adequado.

Tonalidades diferentes de voz chamam a atenção dos ouvintes, quebrando a monotonia verbal. Procure usar um bom ritmo. Muito devagar, cansa os ouvintes. Rápido demais, dificulta a compreensão. Eduque sua voz para que saia na altura suficiente — nem alta demais, nem baixa demais — a fim de que todos possam ouvir confortavelmente. É recomendável certificar-se junto aos ouvintes, mas cuidado ao perguntar. Se disser "Vocês estão ouvindo bem?", parece que você está querendo saber se eles têm problemas de audição. Seja gentil e pergunte: "O tom da minha voz está suficiente?", ou "Está chegando a todos?", ou ainda "Está audível para todos?".

Segundo Abdon de Moraes Cunha, professor de curso de oratória, existem quatro motivos para alguém falar depressa:

- Pode estar muito nervoso.
- Pode estar habituado a falar depressa.
- Pode estar preocupado com a limitação do tempo de que dispõe para falar.
- Pode estar entusiasmado em excesso.

A melhor ajuda para corrigir qualquer desvio é: identificá-lo e querer melhorar. Procure se conhecer ao falar em público. A dica a seguir, passo a passo, aliada aos exercícios, fará de você um excelente orador:

1. Faça o seu perfil por escrito, fazendo-se as perguntas:
 - Quando falo, minha voz é audível do início ao final da frase?
 - O tom é agradável ou é baixo/alto demais?
 - Esqueço o que vou falar?
 - Transpiro demais?
 - As pernas tremem?
 - O que eu faço com as mãos? Ficam normais ou as esfrego, as coloco no bolso, aperto uns dedos contra os outros?
 - A minha postura é simpática?

 Faça o maior número de perguntas possível

2. Procure ajuda de quem o ouve com frequência para respondê-las.

3. Após analisar cuidadosamente as respostas, identifique qual técnica você poderá utilizar para diminuir os pontos negativos encontrados. Escreva tudo.

4. Busque gradativamente a correção. Só o fato de colocar no papel e ouvir dos outros o seu perfil, sem perceber, a sua responsabilidade em melhorar se torna uma excelente professora. Não queira chegar à excelência em um único dia. Pratique, pratique e pratique. Alguns exercícios ajudam:

- Peça a alguém para gravar a sua voz quando estiver falando em público. É importante você esquecer que está sendo gravado ou mesmo nem saber. Depois, analise como se fosse a voz de outra pessoa e encontre pontos a serem melhorados.

- Faça pequenas leituras em três etapas: voz baixa, meia voz e voz alta, sempre pronunciando bem cada palavra. Lembre-se: você precisa ouvir a pronúncia clara da última palavra de cada frase, a última sílaba de cada palavra e a última letra de cada sílaba.

- *Relaxamento muscular*: ter uma respiração rítmica e tranquila facilita e proporciona desembaraço aos movimentos. Antes de se apresentar, nos bastidores, abra a boca várias vezes como se estivesse bocejando, massageie a musculatura interior com a ponta da língua ou do dedo polegar. Encha a boca de ar e movimente esse ar de um lado para o outro. Estique e encolha a língua algumas vezes. Se o local permitir, assovie. Faça suaves movimentos no couro cabeludo com a ponta dos dedos, descendo até a parte posterior e lateral do pescoço. Esses exercícios relaxarão todo o grupo de musculatura envolvido na expressão oral, além de facilitar sua expressão corporal.

Dica 2 — Respiração

Trabalhe a respiração. Ajudará muito na emissão da voz. A inalação deve ser feita pelas narinas e a exalação pela boca. Isso evita o ressecamento das cordas vocais, já que as narinas têm a propriedade de umedecer o ar.

O ritmo respiratório deve ser mantido constante e as orações devem adaptar-se a ele. Isso evita as desagradáveis pausas para respirar enquanto se pronuncia uma frase. Faça assim: encha o pulmão de ar — se souber usar o diafragma, o exercício será mais proveitoso e depois conte 1, 2, 3, 4... e pare antes que o ar termine. Ao parar, é preciso que você ainda consiga falar uma frase curta como: "O dia está muito lindo". O exercício compreende uma sequência de dez vezes. Faça-o duas vezes por dia e notará o resultado já nos primeiros quinze dias. Continue fazendo até dominar a sua respiração. Ao final de trinta dias, faça a comparação de quantos números conseguiu contar no primeiro e no trigésimo dia. Você vai se surpreender.

Dica 3 — Vocabulário

A linguagem é o instrumento básico da comunicação humana. Ela exprime ideias que geram novas ideias, que geram ações. Todos podem falar corretamente: é uma questão de habilidade e prática. Não é dom nem arte; é treino.

A seguir, algumas ideias que funcionam:

Leia sempre que puder e preste atenção quando ouvir outras pessoas falarem. Ter um vocabulário rico não significa falar difícil. Significa saber falar de qualquer assunto, estar atualizado. A pessoa que tem um bom vocabulário se sente muito mais segura e desinibida em público. Ao falar, transmita confiança, calor e inteligência.

> *A fonte de inspiração nunca secará se o orador acumular uma oculta riqueza de imagens de vocabulários, de ideias, de conhecimentos convenientes.* (Robert)

São Tomás de Aquino propunha como domínios do comportamento humano aqueles impregnados de Luz, Calor e Movimento. E mesmo conceituados educadores e *experts* em *marketing* usam como modelo as colocações "tomistas", que se referem à inteligência, à vontade e à ação.

As pesquisas sobre o assunto que irá falar é sempre importante, mas lembre-se de se valer da inspiração: procure-a em Deus e em você mesmo.

> *Dentro de ti levas a luz misteriosa de todos os segredos.*
> (Amado Nervo)

Dica 4 — Microfone

O microfone é o companheiro inseparável do orador, mas para alguns é um "bicho-papão". É fantástica a frase de Renam Bernard: "O cérebro humano é uma coisa maravilhosa. Começa a funcionar quando nós nascemos e só pára quando nos encontramos diante de um microfone!".

Olhe para o microfone como indispensável para o seu sucesso, como seu companheiro. Ame-o. Brinque com ele. Recomendo às pessoas que têm dificuldades chegar mais cedo ao local e criar intimidade com o microfone: fale, cante, reze e aí pare e perceba o quanto a sua voz é muito mais bonita, clara e sensual com o uso desse seu novo amigo. Mas para isso tome alguns cuidados: regule a altura do pedestal de forma que não cubra a sua boca, pois será muito importante para os ouvintes que sua boca esteja à mostra enquanto você fala. Regule o som para o seu timbre de voz. Cada timbre exige ajuste no som do microfone. Não jogue a sua voz fora do microfone, direcione-a no campo de ressonância. Evite segurar com insistência o pedestal de apoio do microfone. Sua função não é ser muleta, é apenas ser pedestal. Deixe suas mãos soltas, de preferência. O ideal é usar microfones sem o pedestal com ou sem fio. Nesse caso, segure-o levemente com uma das mãos sem ficar trocando-o de mão o tempo todo. Os gestos repetitivos podem se tornar ruídos na comunicação, ou seja, podem atrapalhar na hora da transmissão e da captação de uma informação. Lembre-se: o microfone é o seu aliado. Fará a sua voz mais linda. Você será melhor compreendido com ele.

Dica 5 — Ruídos na Comunicação

Ruído na comunicação é tudo o que possa tirar a concentração dos participantes, desviando a atenção para outro foco que não o conteúdo que está sendo dito. Cabe ao orador eliminá-lo. Nada pode aparecer mais do que a mensagem. Nem você.

Alguns exemplos:

Do local:

Quadro escrito com coisas que não estão sendo ditas, cartazes e faixas com outros assuntos, barulho exagerado, climatização — muito frio ou muito quente —, cadeiras desconfortáveis, cheiro de mofo, etc.

Do orador:

Mulheres: transparências, decotes, maquiagem e joias exageradas ou que fazem barulho como pulseiras, cabelo na testa que precisa ser ajeitado todo o tempo, etc.

Homens: camisa aberta, amassada, sapato sujo, cinto torto, meia de cor diferente do sapato ou da calça, gravata extravagante, curta ou comprida demais, bolso muito cheio, chaveiro pendurado no bolso ou no cós da calça, barba por fazer, etc.

Ambos: roupas estampadas demais, celular na cintura mesmo desligado, olhar para um lado só, ficar todo o tempo parado, passar na frente do foco do projetor, apontar a projeção do *slide* com o dedo, manter a mesa de apoio desorganizada.

Preocupar-se sempre com a linguagem é outro item importante. Deve-se sempre adequá-la à situação comunicativa, portanto, nesse caso, evite vícios de linguagem, como "né", "tá", "tá certo", "entendeu", etc., gírias e o uso do gerúndio de forma equivocada, ou seja, o tão famoso gerundismo. Evite expressões do tipo "vou estar mostrando um *slide*" ou "vou estar contando uma história", etc. O gerúndio não se aplica a essa situação.

Dica 6 — Concisão e simplicidade

O bom orador não se alonga. Fale o necessário e perceba a hora de parar. Use palavras claras e de fácil compreensão, de acordo com o nível cultural de quem o escuta.

Entre duas palavras, escolha sempre a mais simples; entre duas palavras simples, escolha a mais curta. (Paul Valéry)

Se você pretende ser compreendido quando fala, busque a clareza. Lembre que os fatos e as palavras podem contribuir tanto para obscurecer quanto para tornar claro o significado do que é dito. (autor desconhecido)

O bom, se breve, duas vezes bom; e mesmo o ruim, se breve, menos ruim. (ditado popular espanhol)

Uma palavra posta fora do lugar estraga o pensamento mais bonito. (Voltaire)

Fique atento ao *feedback* dos interlocutores. A plateia sinaliza com expressões corporais se a sua palestra está cansativa ou longa demais. Procure observar sinais de incômodos, tais como: olhar sempre o relógio ou ficar brincando com o mesmo, mudar repetidas vezes de posição na cadeira, olhar com frequência para a porta, rabiscar o papel com o olhar fixo para o mesmo, olhos fechados, pedidos frequentes de licença para beber água ou ir ao banheiro. Aparecendo esses sinais em várias pessoas, é inteligente utilizar algumas alternativas que mais se apropriem, como: sugerir um intervalo, fazer uma dinâmica rápida para que todos levantem ou troquem de lugar, utilizar rápidos exercícios de alongamento, colocar uma música que você sabe que a maioria das pessoas presentes gosta ou, então, finalizar sua apresentação. Nesse caso, você deverá fazê-lo de forma normal, sem pedir desculpas, "amarrando" os assuntos abordados para que o fim pareça ter sido planejado com antecedência.

Você será muito mais aplaudido do que se insistir em cumprir o seu planejamento. Depois verifique a causa e veja onde você errou. Algumas suposições: má preparação ou desconhecimento do conteúdo, falta de segurança, tema fora do interesse do público, condições ambientais impróprias, horário impróprio, som inadequado...

Eu participei de um seminário de *marketing* em que três dos cinco palestrantes contaram a mesma história, o que demonstrou falta de entrosamento entre eles e falta de organização dos promotores do evento. Isso é inadmissível. As pessoas não têm tempo a perder e não querem saber de quem foi a responsabilidade. Tanto o palestrante quanto a instituição perdem credibilidade. Sempre que sou convidada para fazer palestras onde não sou a única, me preocupo em saber quem são os demais palestrantes e quais os seus temas. Se for parecido com o meu, faço contato antes para não ser repetitiva. Afinal, não quero que as pessoas fiquem desatentas enquanto falo. Esta responsabilidade é inteiramente minha — do palestrante. Mas, e quando não dá para fazer esse contato? É só usar a criatividade. Ao contar uma história, um acontecimento, um exemplo, pergunte antes ao público: "Vocês conhecem a história ou o fato...?". Se a maioria disser não, ótimo, vá em frente. Mas se a maioria disser sim, você pode fazer a segunda pergunta: "Quem aqui é bom contador de história?". Sempre terá alguém. Então convide-o para recontar a história de uma forma mais criativa. Desafie-o com cordialidade. Todos irão prestar atenção para ver o que sairá dele e você terá a sua pauta cumprida. O tempo a mais que isso for levar você, com "jogo de cintura", descontará mais à frente.

Dica 7 — Autenticidade

Não tente imitar estilos, ser engraçado, piadista, brincalhão como *a* ou *b*. Cada um tem o estilo próprio. Seja você mesmo com o seu estilo e a sua simplicidade. A imitação pode estragar a sua oratória, o que não impede você de aprender com os outros e aplicar algumas técnicas que fazem e que dão certo.

Dica 8 — Preparação / planejamento

Preparar um discurso significa reunir os pensamentos, as ideias, as convicções e as necessidades próprias. Toda a nossa vida está cheia de sensações e de experiências que estão no mais profundo do subconsciente. A preparação significa pensar, considerar, recolher e recordar essas sensações e experiências, principalmente, aquelas que nos pareçam as melhores, usar a coerência, lapidá-las e tecê-las umas com as outras, em um processo criativo gerando novas ideias.

Abdon de Morais Cunha diz que "alguns fazem seus discursos como devem ser feitas as cartas de amor: começam sem saber o que dizer e terminam sem saber o que disseram".

Não seja você essa pessoa. Tome abundantes notas durante a preparação.

> *Não busquemos palavras, mas fatos e ideias, e copiosas virão as palavras não buscadas.* (Horácio)

É fundamental ao orador:

- *Conhecer bem o assunto.* Não aceite falar de um tema que você não conhece. Não é feio recusar o convite. Agradeça e coloque-se à disposição para outra oportunidade. Recentemente um aluno me disse: "professora, eu aceitei falar de um tema que eu não dominava e não tive tempo de preparar-me bem. Fiquei tão nervoso que optei por falar para os ouvintes que não conhecia bem o assunto, com medo das perguntas. Foi horrível". Nem poderia ser diferente. Essa pessoa cometeu três erros:

1. aceitou falar de assunto que não conhece — este erro desencadeou os demais.

2. não se preparou — mesmo que o tema seja de domínio, é preciso se preparar.

3. disse que não sabia — perdeu toda a credibilidade para, em outra oportunidade, falar de outro tema para o mesmo público. Não confiarão mais nele.

- *Pensar nas possíveis perguntas que possam surgir.* Imagine o que podem lhe perguntar durante ou depois de sua fala.

Prepare com cuidado as respostas. Com essa estratégia você vai estar bem mais seguro, sem medo e sem nervosismo. Se fizerem a pergunta, você tem a resposta. Se não fizerem, você enriqueceu a sua cultura, a sua bagagem.

- *Fazer lembretes sobre o assunto.* Mesmo que você não os use na hora da exposição, lhe darão muito mais segurança.

Assim, quem se utiliza desses recursos percebe que não fica mais tão nervoso, com as mãos trêmulas e com as pernas bambas quando vai falar em público.

O planejamento é um instrumento fundamental para canalizar todos os conhecimentos que se tem sobre o assunto. Não confie somente em sua memória.

Vantagens do planejamento:
- Assegura eficiência no seu desempenho.
- Permite definir metas a alcançar.
- Evita a rotina.
- Possibilita a avaliação do trabalho realizado.
- Transforma os meios em fins.
- Possibilita a distribuição equitativa das atividades a serem desenvolvidas e do tempo que você tem para falar.
- Deixa o orador bem mais seguro, e segurança no tema é tudo o que o público deseja de você.

Assim, até o seu costumeiro nervosismo diminui.

Para se obter um bom planejamento, é necessário passar por etapas, que chamo de fases, como mostro a seguir:

Fases do planejamento:

1. Objetivos — Não são os seus objetivos, mas de quem lhe convidou para falar. É muito importante ter esta clareza. O que se espera alcançar com sua pregação, palestra, discurso, aviso? Só depois de conhecer as respostas, você coloca os seus objetivos. Os objetivos devem ser muito bem analisados, para maior clareza na aplicação das técnicas que serão utilizadas. Objetivos mal analisados ou mal definidos quase sempre levam ao fracasso.

2. Recursos — Existem vários recursos que possibilitam maior motivação, dinâmica, compreensão e participação do público. Veja se é viável e escolha o que melhor se adapte a você, ao tema, ao lugar e ao público, como TV, vídeo, *slide*, retroprojetor, datashow, etc., mas, por exemplo, se o local for claro demais, devemos evitar o uso da TV ou qualquer outro tipo de projeção. Isso pode interferir no resultado. Não queira usar todos os equipamentos em uma palestra de 1 hora. Escolha, repito, o que melhor se ajuste quanto a: local, tema, tempo e, principalmente, sua habilidade em manuseá-lo. Sempre teste os equipamentos antes de o público chegar. É deselegante, demonstra má preparação e falta de zelo quando o orador instala seus equipamentos perante o público.

3. Implementação do programa — Treine antes. Tenho um ótimo exemplo. Eu estava dando um curso de oratória para um grupo heterogêneo. Havia advogados, empresários, estudantes, gerentes, professores, etc. A metade da turma demonstrava muita dificuldade para fazer a aula prática, eles não conseguiam se apresentar. Descobri, ao fazer cuidadosamente um diagnóstico para saber a causa do bloqueio, que era falta de treino. Bom, orientei e todos começaram a treinar em casa antes da apresentação. Foi um sucesso com exceção de um estudante de direito. Ele não conseguia. Pensei até ter errado no diagnóstico. Foi quando ele disse: "Professora, eu moro sozinho e o horário que tenho para treinar a apresentação é tarde, não tenho quem me escute". Sugeri o espelho, a imaginação, a parede, o gravador, mas ele não se adaptava. Precisava de plateia. Chegou o último dia do curso e os participantes tinham que fazer uma apresentação para receber o certificado. Ele quis ser o primeiro. Para surpresa de toda a turma, ele deu um "show" de oratória e retórica.

Surpreendeu a todos. Não só falou com clareza, objetividade e eloquência, como a sua postura era outra. Surpresa, perguntei o que tinha feito e ele respondeu: "Esta noite, professora, eu treinei muitas vezes com meu cachorro. Ele foi minha plateia".

Diante desse fato, a lição maior ficou: identifique os seus bloqueios. Para todos há uma solução.

4. Avaliação de resultados — Após a conclusão, avalie o seu desempenho e veja o que pode ser melhorado. Sempre é possível fazer melhor o que já se faz bem.

Associados às orientações anteriores, você deve ainda:

- Conhecer o local. Saber com antecedência quem vai ser o seu receptor (quem estará na sua plateia?). Com essa informação, você poderá preparar a sua mensagem conforme a necessidade, a expectativa e a cultura da plateia, associada à necessidade e ao objetivo de quem o convidou.
- Eliminar qualquer poluição visual e ruídos na comunicação.
- Preocupar-se com a sua imagem — a sua apresentação pessoal deve estar em harmonia com o perfil do público.
- Ser pontual.
- Testar antes todos os recursos didáticos que você escolheu. Tudo tem de estar funcionando quando você começar. A atenção nessa hora tem de ser para o conteúdo e não para ajustes de última hora.
- Ser simpático e cumprimentar os participantes. Se o grupo for pequeno, demonstre interesse, perguntando como estão, fazendo a comunicação corporal, ou seja, tocando-os sutilmente e, se possível, chamando-os pelo nome.
- Se o espaço permitir, disponha a sala em forma de **U**, porque:
  - facilita o interlocutor a convencer as pessoas.
  - aproxima o interlocutor do público. À medida que o orador se movimenta no **U**, aproxima o raciocínio das pessoas

ao dele e evita dispersão. Neste caso, esteja atento para não ficar tempo demais de costas para os que estão nas primeiras posições.

Se o evento for uma reunião, o ideal é que a mesa seja redonda, para evitar o destaque do líder. Assim, sem perder a liderança, você está em posição de igualdade, o que facilita a participação e a anuência dos participantes.

Dica 9 – Construção ou Engenharia da Mensagem

A exemplo da construção de uma casa, a mensagem também tem três partes: início, meio e fim. Se uma não for bem feita, aniquila e tira o valor das demais mesmo que estejam perfeitas. Imagine, então, uma casa em três situações:

- com a fundação (início) adequada, as paredes (meio) bem sustentadas e o acabamento (final) malfeito: será uma obra desvalorizada.

- com a fundação (início) ruim, as paredes (meio) perfeitas, o acabamento benfeito, bonito (final): desmoronará.

- com a fundação (início) adequada, as paredes (meio) mal sustentadas, sem segurança e o acabamento (final) bom: desmoronará com certeza.

Todas as situações são perigosas. Assim é a mensagem verbal.

Divida em cinco partes o tempo que tem à sua disposição para falar. Reserve, aproximadamente, 1/5 do tempo para o início, 3/5 para o meio ou argumentação e 1/5 restante para o fim ou conclusão. Vejamos como fazer bem cada uma das etapas:

Início – Como começar?

Prepare um começo interessante. Algo que arrebate e desperte o interesse imediatamente. Você só dispõe dos instantes iniciais da sua apresentação para ganhar ou perder definitivamente a audiência. A simpatia, a entonação e a impostação da saudação, aqui, são fundamentais. É necessário conquistar a simpatia do auditório. Se você chegar estressado, tenso, preocupado, arrumando os equipamentos, ajustando o microfone, todos vão perceber. Cumprimente, mas nunca diga: "Como fulano já disse, meu nome é...". Se já foi dito, você pode apenas completar um pouquinho a sua apresentação, mas cuidado para não falar todo o seu currículo, toda sua história. Se responderem ao seu cumprimento em voz baixa, a culpa não é do público, é sua, é falta de traquejo e de empolgação. Não diga: "Boa noite a todos e a todas". Ao dizer "todos", estão incluídas as mulheres também. Não faça piadinhas do tipo "parece que estão com fome, não jantaram não?", repetindo o cumprimento. Seja elegante. Também não diga que vai tentar falar sobre o assunto. Que não deu tempo de preparar. Nada de desculpas. Coloque ideias que permitam a sua anuência, não a sua discordância. Estabeleça um clima favorável. Desperte a curiosidade para o tema por meio de uma pergunta, um exemplo interessante, falando sobre a sua alegria de estar ali, sobre a importância daquele assunto, sobre a certeza de que vão gostar. Não use chavões, como: "É realmente um prazer" ou "Estamos reunidos aqui nesta noite...".

Esse 1/5 do tempo você usa para a sua apresentação e o despertar para o tema. O tempo não precisa ser dividido matematicamente. Se fosse assim, para uma palestra de 2 horas, você teria 24 minutos para o início. Use do bom senso sempre.

São nesses minutos referentes à introdução que se dá o tempo para que a adrenalina, comum aos que falam em público, se estabilize e o orador se sinta mais seguro. Há uma razão biológica para se procurar a calma e melhorar a respiração. O nosso organismo responde ao medo com uma descarga de adrenalina, que provém das glândulas suprarrenais. Metabolizada, essa substância vai restituir ao orador o domínio de que tanto precisa.

> *O ser humano se esquece sempre de ser. Esquece que precisa ter, ser, saber, poder, pensar, sentir, fazer... para falar.* (Pedro Bloch-fonoaudiólogo)

Meio – Desenvolvimento, assunto central ou argumentação

Você reunirá aqui, aproximadamente, as *três quintas partes* da sua exposição nos objetivos a atender: o interesse e o desejo da plateia.

Você se preparou, planejou, fez anotações, fez os exercícios de relaxamento, conhece o assunto, fez uma boa abertura, então, não tem o que temer. Quais são os aspectos essenciais e testemunhais da sua mensagem? É hora de usar o seu planejamento, sua criatividade, sua coerência e os seus argumentos, com unção, segurança, sinceridade e bom-senso, elegantemente.

O tema central é desenvolvido aqui, neste espaço. O conteúdo de sua fala tem de ser dito neste tempo. Todos precisam entender e aceitar. Esse é o objetivo. A parte inicial e final são apenas adereços para que a mensagem central seja bem compreendida. Mas imagine uma pessoa linda com adereços destoantes, exagerados, fora da moda, etc. De que adianta? Vai simplesmente comprometer a sua imagem e apagar a sua beleza. Tudo tem de estar em sintonia e equilibrado. É assim na oratória.

Fim ou conclusão

Você utilizará agora a última *quinta parte* do seu tempo para atender aos objetivos: a ação e a satisfação.

Chegou o grande momento! Use-o com arte, com clareza, mas com brevidade. Muitos se lembrarão apenas dessa parte. Alguns oradores dizem: "e para concluir... " ou "e para finalizar... ", mas continuam falando além do tempo, além do necessário e ficam repetitivos. Não queira receber aplausos, pensando que são elogios quando na verdade significam "ainda bem que acabou".

É hora de levar o seu público ao compromisso com o que foi exposto. É preciso que eles queiram a mudança que você propôs e que saiam dali desejosos de conhecer ainda mais sobre o tema. Eles precisam "ver" o que foi dito. Faça um breve resumo dos pontos principais para que ninguém saia com dúvidas e use ferramentas de impacto, como uma citação, ou um apelo direto que leve a uma ação imediata, ou mostre a aplicabilidade do que falou, ou conte um fato histórico, ou conte uma história que amarre o objetivo do tema. Se for oportuno, despeça-se e agradeça o convite.

Eu gosto muito de usar a técnica de contar uma breve história ou usar uma metáfora. Seja no ambiente religioso ou em uma empresa, em palestras ou em cursos. Além de tornar o discurso leve e atrativo, ajuda na memorização do que foi dito. Essa técnica facilita a compreensão dos três tipos de potencial comunicativo que existem: visual, auditivo e sinestésico. Todos temos os três tipos, porém um é predominante. Já nascemos assim. Vejamos:

1. *visual:* o receptor com esta característica grava melhor, em torno de até 60% a mais, se ele puder ver o que está sendo dito, mesmo que seja através da imaginação. Ex.: projeção, vídeos, cartazes, gráficos, etc., mas nem sempre se tem condições de utilizar estes recursos. Aí entra a técnica de mostrar o que se está falando, levando-o a imaginar o conteúdo, utilizando-se de analogias, metáforas, testemunhos, contos, histórias ou até levá-lo a visualizar locais, cores, etc.

2. *auditivo:* para esse receptor basta ouvir. Não faz diferença se há ou não recursos audiovisuais. Mas ele necessita de uma boa explanação, clara e pragmática. Então a técnica de mostrar o que se fala é fundamental.

3. *sinestésico:* esse receptor precisa sentir o que está ouvindo e vendo para compreendê-lo melhor. Mais uma vez a técnica apresentada é a ideal.

Utilizando-me da própria sugestão, vou dar um exemplo incluindo os três tipos de receptores:

O cenário é uma loja de roupas femininas. Os personagens são vendedor e cliente. Três clientes querem comprar um vestido. Vejamos como o vendedor deve proceder: (existem técnicas específicas de Programação Neurolinguística (PNL) para que os vendedores identifiquem com rapidez qual tipo de potencial comunicativo é predominante em seu cliente, mas a própria percepção o ajudará também a identificar).

Para a cliente visual: "Dona Ana, veja como a cor é viva, veja como o tecido cai bem e tem tramas firmes, veja a textura, etc. Não é fantástico?" (esta cliente quer ver a descrição do que espera comprar).

Para a cliente auditiva: "Dona Ana, este vestido é feito de fios italianos para que seu caimento seja perfeito, suas cores são vivas e não desbotam porque foi dado um tratamento especial, etc. Não é fantástico?" (esta cliente quer ouvir a descrição do que espera comprar).

Para a cliente sinestésica: "Dona Ana, prove este vestido. A senhora vai sentir como o tecido cai bem, vai sentir como a textura é macia. A cor é perfeita para o tom de sua pele. Foi feito para a senhora. Não é fantástico?" (esta cliente quer sentir a descrição do que espera comprar).

Em todo auditório há, com certeza, os três tipos de potenciais comunicativos. A técnica apresentada atende a todos, porém ressalto que se torna uma armadilha quando o orador se alonga demais ou escolhe algo fora do conteúdo. Fica cansativo e desvia completamente a atenção do ouvinte.

Já usei todos os recursos e dá muito certo. Já usei, por exemplo, ao encerrar a pregação em uma Celebração da Palavra, a letra de uma das músicas cantadas naquele dia e que falava da ação caridosa do evangelho do dia. Fui lendo e refletindo os versos de uma única estrofe para não me alongar e, ao final, convidei toda a assembleia a colocá-la em prática durante a semana. Seis meses mais tarde, na mesma igreja, ao final da missa, uma pessoa que fora sorteada na rifa foi à frente buscar o prêmio e testemunhou que sua vida tinha mudado a partir daquela reflexão porque, naquele dia, passara a praticar o que eu havia solicitado. Foi a única coisa que ela absorveu de minha "linda" pregação.

Outros exemplos: eu havia ministrado curso nas áreas de atendimento e comportamento para funcionários de um *shopping,* e três casos me chamaram a atenção quando vieram testemunhar-me que seus casamentos haviam sido resgatados. E todos os relatos se reportavam aos testemunhos e/ou histórias que eu havia contado. Como era um curso de 12 horas, pedi que representassem a seguinte história por mim escrita:

A queda dos dentes

Joanita acabara de completar 8 anos. Já se sentia uma mocinha. Usava até batom. Seu desejo era ser engenheira para construir pontes. Mas o espírito da menina levada ainda estava lá, bem dentro dela. Um dia sonhou que estava verdadeiramente construindo uma ponte de cipó para atravessar um rio cheio de pedras. Com ela estavam as suas duas melhores amigas e o menino por quem era silenciosamente apaixonada. Em tudo ela o incluía. Confiante no seu feito, quis ser a primeira a atravessar. Já no meio do pequeno e raso rio de apenas 2 metros de largura, Joanita cai, e, no afã de equilibrar-se, o peso de seu corpo a leva de encontro a uma pedra. Joanita perde todos os dentes. De súbito desperta em um grito. Sua mãe corre para socorrê-la. Quando acaba de narrar o sonho, sua mãe assustada faz a seguinte interpretação: "Minha filha, que horror! Isso significa que toda a sua família vai morrer, um após o outro".

Joanita não consegue mais dormir naquela noite, sentindo-se responsável pela morte de todos. Já imaginava como seria viver sozinha no mundo. Coisas horríveis e tristes passaram pela sua mente. No dia seguinte, ao chegar na escola muito triste, sua professora quis saber o que havia acontecido. Em meio a lágrimas, Joanita narrou o seu sonho e a professora falou: "Querida, que coisa boa! Isso significa que você vai viver tanto, mas tanto que será a última a morrer da sua família".

Nesse momento ela abriu um lindo sorriso imaginando como seria feliz: engenheira de sucesso, bem casada, viajando o mundo e se aposentando na velhice. Coisas boas e alegres passaram pela sua mente.

Moral da estória: o importante não é o que se diz, mas como se diz. As duas deram a mesma interpretação, porém disseram de forma diferente. Afinal, segundo as duas, todos da família iriam morrer.

Foi com essa e outras histórias que as pessoas citadas melhoraram o seu relacionamento em casa e no trabalho: buscando uma forma melhor para expor suas ideias. A história firmou todo o conteúdo teórico do curso.

Exemplos verídicos: eu já havia mudado da cidade onde, por alguns anos, participara da equipe de liturgia. Lá só tinha missa uma vez por mês. Nos demais domingos os leigos faziam a Celebração da Palavra. Depois de uns três anos, em visita àquele bairro, encontrei na rua um senhor, Raul, que eu não conhecia. Ele parou-me e após um longo abraço e palavras saudosistas, relembrou de cada história que eu narrava nas pregações, dizendo o quanto o fizeram entender o Evangelho. Fiquei impressionada. Ele sabia até as datas que eu tinha narrado. Algumas eu nem me lembrava mais.

Em outra oportunidade, reencontrei uma conhecida muito especial, Dulce, doze anos após ela ter ouvido uma pregação que fiz em um retiro. Ela disse-me: "Nunca mais esqueci a importância de refletir Jesus por causa da história que você contou sobre a bandeja. Como me ajudou!". Eu fiquei confusa porque não me lembrava dessa história, que aliás é somente uma analogia. Depois que ela narrou, lembrei-me de que, na verdade, era sobre o espelho, mas como não tinha um no local eu usei uma bandeja de inox. É muito bom mostrar o que se está falando.

Naquela ocasião, após a introdução e parte da argumentação do tema, fiz a seguinte comparação: um espelho, sem a aplicação de muitos metais, em torno de 14, é apenas um vidro que mostra o que está do outro lado. Não reflete. Porém, após todo o processo da aplicação dos metais, ele passa a refletir quem o olha. Assim deve ser o cristão. À medida que vai conhecendo Jesus Cristo e suas propostas, sua vida vai mudando e passa a refletir em seu rosto e em suas atitudes o rosto e a atitude de Jesus. As camadas de metal são as renúncias que começa a fazer para levar uma vida mais próxima de Jesus. São as mudanças de hábito. Ao final, fizemos uma oração de renúncia das atitudes incorretas àquele que quer refletir Jesus. Foi essa a analogia que tocou e fez a proposta de Jesus entrar em seu coração.

Ao final do livro exemplificarei melhor a aplicabilidade das histórias ou contos como recurso à boa compreensão da oratória.

Dica 10 – Perfis mais comuns em uma plateia

É muito importante você conhecer os tipos de pessoas mais comuns em uma plateia e como agir em tais situações, o que lhe dará muito mais segurança.

Nessa fase, procuramos observar os tipos de pessoas mais comuns e qual a relação que o orador deve estabelecer para que o grupo seja participante e motivado. Vale lembrar que as pessoas agem assim inconscientes. Em toda plateia, seja de palestras, reuniões ou debates, sempre há ao menos um desses perfis. Vou dar-lhe a característica de como identificá-lo e o que fazer em cada situação:

Perguntador

Características: deseja atrapalhar e colocar o orador em má situação.

Atitude do orador: mantenha-se calmo e devolva a pergunta que ele fez ao grupo.

Sabe-Tudo

Características: exibicionista, quer impor sua opinião muitas vezes convencido de que sabe tudo.

Atitude do orador: tenha tato e interrompa-o, deixe-o por conta do grupo. Lance uma pergunta difícil e, se necessário, peça-lhe que dê oportunidade a outros colegas.

Tagarela

Características: fala demais e fora do assunto, chegando a cansar os interlocutores.

Atitude do orador: interrompa-o com tato. Limite o tempo que ele tem para falar. Dê prosseguimento ao assunto por meio de uma pergunta direta.

"Do contra"

Características: nunca aceita opiniões dos outros e quer sempre discutir. Normalmente esse indivíduo tem problemas de ordem pessoal, o que o torna revoltado e descontrolado. Acontece muito em debates e reuniões de negócios.

Atitude do orador: Tente acalmá-lo, evite a excitação do grupo. Acate a sua opinião e prossiga evitando polêmicas.

Desinteressado

Características: não se interessa por nada. Não coopera por achar o assunto algumas vezes simples demais e, outras vezes, muito elevado.

Atitudes do orador: procure a sua participação por meio da solicitação de alguns exemplos que esteja em condições de dar. Solicite a sua experiência ou a sua opinião, mas não exagere para não ressentir o grupo.

Tímido

Características: não se julga apto a participar do grupo. Teme o julgamento dos outros, fica nervoso quando necessita falar no grupo, não tem coragem.

Atitudes do orador: faça perguntas fáceis, solicite a sua ajuda, elogie-o, valorize a sua participação, ajude-o a ter confiança em si mesmo.

Teimoso

Características: tem ideia fixa, nada consegue fazê-lo mudar de ideia, não cede, não quer aprender nada com os outros.

Atitudes do orador: passe a ideia para o grupo e procure mostrar o ponto de vista da maioria.

Líder

Características: pronto a ajudar, seguro de si. Recebe bem as críticas, sabe encarar as situações esportivamente, aceita os colegas como são.

Atitude do orador: sendo ele de grande auxílio em uma discussão, use a sua participação nos momentos oportunos, mas sem exageros, senão vai trocar de lugar com você.

Pedante

Características: não se integra ao grupo, coloca-se em um pedestal e critica duramente o grupo.

Atitude do orador: não o critique, concorde, mas depois procure levá-lo à reflexão e use a técnica "sim... mas... talvez...".

Extrovertido

Características: é sempre bem-humorado, não se faz de rogado, dá sempre a sua opinião, diz o que pensa e é simpático.

Atitudes do orador: saiba aproveitar a sua participação quando o grupo estiver tenso, mas tenha cuidado para não exagerar na sua solicitação, você pode perder o domínio.

Introvertido

Características: é prudente e reservado, não gosta de participar.

Atitude do orador: procure integrá-lo ao grupo, mas sem que ele perceba e de forma lenta.

Dica 11 – Tipos de perguntas que geralmente são feitas

Alguns tipos de perguntas são comuns. Previna-se quanto ao que fazer para cada uma delas. Você se sentirá muito mais tranquilo ao fazer a sua apresentação.

Feitas pelo ouvinte:

Atrasada — Pode ser que aquela pessoa ou todo o grupo não entendeu. Certifique-se perguntando se mais alguém no grupo está com a mesma dúvida. Se o número for grande, responda-a imediatamente. Se for pequeno, pode deixar para o final. É só não esquecer.

Adiantada — O ideal é que você resuma a resposta, mas pode-se usar a prática de falar: "Já vou entrar nesse assunto, pode aguardar?". Obtenha a concordância do interlocutor. E quando chegar ao assunto diga "respondendo à sua pergunta" ou "o que acabei de falar respondeu à sua pergunta? Deseja mais alguma explicação?" Certifique-se de que a pessoa ficou satisfeita.

Sintonizada — É a pergunta feita na hora certa. Demonstra interesse e compreensão por parte do interlocutor.

Feitas pelo apresentador/orador:

Tipo explosão — Feita a todos, generalizada. Promove a atuação e o interesse geral.

Tipo tiro ao alvo — Feita a um indivíduo com ou sem aviso prévio. Chama a atenção e obtém resposta ao item específico.

É também usada para chamar a atenção "de forma elegante" de quem não está prestando atenção ou está conversando.

Tipo bumerangue — É feita por um participante, mas o orador a devolve a outro participante. Explora potenciais e envolve mais de perto o grupo. Serve também para o palestrante certificar-se do grau de dificuldade do grupo ou buscar a concordância em algum assunto.

Dica 12 – Contato visual

Contato visual significa olhar para todas as pessoas igualmente como se estivesse falando a cada pessoa em particular, é o "olhar" nos olhos.

Ao falar, procure prestigiar todos os interlocutores. Trace virtualmente um triângulo na plateia de forma que fique um vértice à sua direita, um à esquerda e o terceiro no final do auditório. Escolha para cada vértice uma pessoa, sem que ela perceba. Ao falar, olhe discretamente para essas pessoas e quando fizer isso, automaticamente, seus olhos estarão visualizando todos ao seu redor. Depois de algumas vezes, se habituará a olhar para todos sem precisar desse recurso. É horrível ouvir alguém que fala olhando para um ponto vago, para um único lado da plateia, para cima ou até de olhos fechados. Ajuda muito a ter contato visual quando o orador procura locomover-se durante a fala. Mantenha o contato visual em qualquer circunstância. Além de garantir a empatia, você poderá observar a reação do público.

Comportamentos inadequados que diminuem o contato visual com o grupo:

- Concentrar a atenção somente em determinada direção, à sua direita ou à sua esquerda.
- Ficar parado em um único ponto.
- Deixar de olhar para as pessoas que estão em condições inadequadas de localização. Exemplo: excesso de luminosidade ou em cadeiras laterais.

- Fixar o olhar demasiadamente em algum participante: pessoas conhecidas, bonitas, quem nos convidou, o gerente, o padre, o pastor, o coordenador ou aquele que está acenando sempre com a cabeça, sinalizando concordar com a nossa fala.
- Deixar de olhar para quem sabemos discordar de nossa posição.
- Olhar frequentemente para o chão, teto ou ponto vago.
- Buscar a "proteção" de uma mesa ou até se agarrar ao pedestal do microfone.
- Excesso de papéis com anotações.

Dica 13 – Recomendações diversas

1. Quando você falar, mantenha sempre a cabeça ereta para não pressionar a laringe (órgão músculo-membranoso revestido de mucosa, situado acima da traqueia e essencial à fonação), além de evitar interferência na respiração, elimina-se um gerador de tensão. Quando tiver de falar em público e precisar ler, olhe o papel, levante a cabeça e fale (o que, inclusive, o ajudará no contato visual com o público). Não mantenha os olhos fixos no papel. Para quem tem dificuldade de memorizar o que vai falar, utilize retroprojetor ou datashow com os principais pontos a serem abordados, mas cerque-se de alguns cuidados, tais como: não fazer transparências sem moldura, colocar os textos em fonte e cor de forma que o público possa ler a projeção de onde está, voltar-se para o público e intercalar a leitura com comentários, o que tornará mais leve a palestra e evitará a impressão de que não conhece bem o assunto ou que está inseguro.

2. Em vez de pigarrear ou tossir (o que agredirá os seus órgãos fonoarticulatórios), tente engolir, fazendo uma pausa e respirando profundamente. Se, no entanto, lhe for impossível evitar isso, faça-o de forma a mais suave possível (sem sonoridade), afastando-se ou protegendo o microfone, se este for de lapela.

3. Quando tiver de falar sob barulho permanente, tente descansar a sua voz na mesma proporção de tempo que a utiliza.

4. Evite falar muito no sereno ou exposto à friagem, bem como quando estiver cansado, com a garganta seca, raivoso, ou após haver ingerido bebidas alcoólicas (sua laringe torna-se descensibilizada e prejudica a sua voz). Não use pastilhas, *sprays* ou gargarejos sem orientação médica.

5. Deixe o seu abdômen se mover livremente. Nada de cintos ou roupas apertadas — isso interferirá na sua respiração abdominal. Igualmente, não use colares ou colarinhos que comprimam a laringe. Quando tiver de falar em seguida à refeição, não coma muito. Se o fizer, também prejudicará a sua respiração abdominal.

6. Observe, na plateia, mudanças faciais como franzir a testa, sorrir, etc. Procure a indicação de:

- Dúvida
- Não compreensão
- Desejo de participação
- Fadiga, cansaço, chateação
- Incômodo como frio, calor, barulho.

Demonstre ter percebido, compactue com os seus ouvintes.

Falar corretamente e com uma voz harmoniosa é o que espera aquele que nos ouve. Nas relações humanas, o tom de voz e a maneira de falar são fatores fundamentais de harmonia e de sucesso, o que se aplica também na conversação do dia a dia.

O melhor exercício ainda é o sorriso. Ele agrada, une pessoas e desarma a resistência.

Dica 14 – Erros mais comuns cometidos pelo orador

- Olhar para o chão.
- Olhar para o teto.

- Olhar um ponto vago.
- Olhar para um só elemento do grupo.
- Usar tom de voz muito alto ou muito baixo.
- Usar a voz sem modulação.
- Falar rápido demais.
- Falar devagar demais.
- Ficar parado todo o tempo.
- Ser dono da verdade.
- Usar "eu" ou exemplos pessoais demais.
- Declarar que não teve tempo de se preparar ou que não conhece bem o assunto.
- Declarar que está nervoso ou que foi um convite de última hora.
- Não usar adequadamente os recursos audiovisuais (passar na frente da projeção, deixar no quadro material já discutido ou deixar o quadro rabiscado, apresentar material visual fora de ordem ou fora de foco).
- Não se apresentar, caso não tenha sido feito pelo anfitrião.
- Porte inadequado: mascando chicletes, vestuário inadequado, etc.
- Se apoiar no microfone ou na mesa.
- Vícios de linguagem.

Observo que muitos oradores usam expressões inadequadas que tiram a credibilidade da oratória. Algumas chegam a ser hábito ou modismo. Relato alguns exemplos que ouço com frequência:

Palestras empresariais:

Não use: "Vamos ler mais para que a gente possa entender"; "É preciso vestir a camisa da empresa para que a gente possa crescer"; "Vamos trabalhar uma hora a mais todos os dias para que a gente possa folgar".

Use sempre: "Vamos ler mais para que a gente entenda"; "É preciso vestir a camisa da empresa para que a gente cresça".

Na igreja:

Não use: "Abra o seu coração para que o Senhor *possa* entrar."; "Vamos orar para que Deus, nesta noite, *possa* fazer"; "Chegue mais cedo para que você *possa* se preparar"; "Te pedimos, Senhor, que *possa* enviar agora sobre nós".

Use sempre: (refira-se a Deus sempre no presente) "Abra o seu coração para que o Senhor *entre*" ou "para o Senhor entrar"; "Vamos orar para que Deus, nesta noite faça...", "chegue mais cedo para *se preparar*"; "Te pedimos, Senhor, *que envie* agora sobre nós...".

A forma inadequada dá a impressão de que você está colocando uma condição e não acreditando ser importante o que está falando. Tira a credibilidade de sua oratória.

Dica 15 – Situações adversas / presença de espírito

É importantíssimo ao orador saber sair de situações adversas como, por exemplo: tropeço no tapete ou no fio do microfone, esbarro no copo com água, queda da pasta de papéis no chão, interrupção da energia (e tudo o que você tinha para falar estava na projeção), pergunta totalmente inadequada, debochada ou agressiva, etc. Uma vez acontecido, o melhor é lidar com elegância, dando leveza ao fato e não o realçando ainda mais com o seu nervosismo. Passado o tempo necessário ao episódio que, algumas vezes, pode ser seguido de um intervalo ou apenas alguns trocadilhos sobre o fato, mantenha-se calmo, simpático e retome o assunto com segurança para que o mesmo não ocupe mais lugar do que deve e não tome o lugar do tema principal.

Os exemplos abaixo são engraçados, mas típicos de quem tem uma aguçada "presença de espírito":

O imperador romano Júlio César (100 a.C. – 44 a.C.), ao desembarcar na África, tropeça e cai de bruços ante os soldados (sinal de mau augúrio para os romanos). Ele permanece deitado, abraça a terra e diz: "Eu te amo, terra de África".

Vasco da Gama, em meio à tempestade no Cabo das Tormentas, diz: "Marujos, o mar treme à nossa passagem". (*Os Lusíadas*, do poeta português Luís Vaz de Camões.)

Encerro esta parte com um sábio ditado popular:

"Só se aprende fazer fazendo."

Então: pratique, pratique e pratique.

> *Dizer que ensinou quando ninguém aprendeu é o mesmo que dizer que vendeu quando ninguém comprou.* (autor desconhecido)

Temas para reflexão

Conforme dito, exemplificarei como inserir o recurso de "contar história" como uma técnica para a melhor compreensão da linguagem verbal apresentando alguns temas para reflexão que podem ser aplicados tanto no ambiente religioso como no empresarial. Ao público religioso (chamarei de "pregadores"), mostrarei a aplicabilidade das histórias, contos e/ou analogias em palestras motivacionais e comportamentais. Tais histórias poderão ser utilizadas em quaisquer segmentos do mercado, tanto em treinamentos quanto em capacitações. Esse público chamarei de empresarial. As histórias relatadas foram elaboradas por mim. Somente "Sansão e a moenda de cana" foi feita em parceria com meu irmão Afonso Mongin.

1. FÉ

Pregadores:

A definição mais comum, aquela que aprendemos no catecismo e que não nos esquecemos é: "Fé é acreditar naquilo que não se vê". E está correta. São Paulo diz na sua carta aos Hebreus 11,1 que "a fé é o firme fundamento da esperança, é uma certeza a respeito do que não se vê". O fundamento da esperança é de se conseguir o que se espera. A fé é o elemento fundamental de toda vida espiritual. É o primeiro contato do homem com as realidades divinas.

A fé deve ser vivida na caridade e deve ser viva, pois "(...) fé sem obra é fé morta" (Tiago 2,14). A fé é um dom de Deus. É o escudo contra as tentações. É pela fé que, quando você sente que vai cair na tentação do pecado, o inimigo de Deus quer tirá-lo da graça, da paz, você tem coragem de proclamar: "Sim, Senhor, eu creio em ti e te proclamo o único Senhor de minha vida". É pela fé que você diz nessa hora: "Senhor Jesus, eu renuncio ao pecado". Você nunca viu Jesus. Você crê que ele existe e está vivo pela fé.

Aqueles que conviveram com Jesus, que o viram, que aprenderam diretamente dele, nos recomendam: São Paulo aos Colossenses 1,23 "(...) para isso é necessário que permaneçais fundados e firmes na fé (...)". São Pedro, na sua Primeira Carta 5,9 nos diz: "Resisti-lhe fortes na fé".

Como eles, nós precisamos permanecer firmes, resistentes na fé para sermos ministros de Deus. O mundo está conturbado, violento demais. É o que vemos em todos os noticiários: mortes, roubos, estupros, prostituição infantil, brigas nas famílias, etc. Tudo isso é falta de fé em um Deus que salva. A fé muda situações. É no acreditar no poder de Deus, é no renunciar pela fé as ciladas do inimigo que Jesus atua.

Maria tinha fé em Jesus. No episódio das Bodas de Caná, Maria fala: "Fazei o que ele vos disser". Ela não se submeteria ao ridículo, não correria o risco se não acreditasse, se não tivesse fé que Jesus tinha poder. Ele ainda não tinha começado os seus milagres públicos, tanto que fala para ela: "Ainda não chegou a minha hora". Maria foi a primeira pessoa que demonstrou, segundo a *Bíblia*, a fé no poder de Jesus. Os doutores da lei para os quais ele pregava o admiravam apenas. Maria não arriscou um palpite. Ela tinha certeza, mesmo sem ter visto milagre algum. É dessa fé que nós precisamos.

Vou contar uma história. Veja se em alguma situação da sua vida você não é personagem dessa história, na qual muitas vezes não conseguimos as graças por falta de fé e atribuímos o insucesso a Deus.

A bicicleta e o equilibrista

Em uma cidade do interior, a vida corria sem novidades até o dia em que chegou um circo. Foi a alegria de todos. Na primeira noite, todos os moradores foram para lá. No momento do show dos malabaristas e equilibristas, ninguém conversava, toda a atenção se voltava para o picadeiro. João, um rapaz de 30 anos que estava na plateia, era conhecido pela sua coragem de enfrentar desafios. Naquele dia, no circo, ele estava atento a todos os detalhes do espetáculo.

Após esticar a corda, um equilibrista, primeiramente, atravessou sobre ela normalmente. Em seguida, atravessou-a correndo, depois, de joelhos. João se encantava dizendo: "Esse cabra é bom mesmo!".

Aplausos... Muitos aplausos... O equilibrista voltou-se para a plateia e perguntou se acreditavam que ele atravessaria a corda com uma bicicleta. Todos gritaram que sim. E ele o fez. Mais aplausos... assovios... Depois encarou João, por ser o mais animado e o mais popular da plateia, e perguntou, já chamando-o pelo nome: "João, você acredita que eu passe pela corda, uma vez mais, pedalando a bicicleta?". João em pé gritou: "Claro que sim. Você é o melhor". Continuou o equilibrista: "Você tem certeza de que eu não vou cair?". Mais uma vez ouviu-se um sonoro sim de João. "Então, João", disse o equilibrista, "suba no bagageiro e venha comigo".

João saiu correndo.

Deus nos pede uma fé viva, que confiemos nele sem reservas.

Público Empresarial:

Assim como João, quantos membros de sua equipe verbalizam nas reuniões, nos treinamentos ou na presença de seus superiores, sua crença na política da empresa, dizendo que acreditam nos produtos lançados, mas na prática não confiam, não os usam.

Essa história pode ser direcionada para levar a equipe a não desistir de crescer com a empresa, a "vestir a camisa" e ao interesse de conhecer melhor o produto e ter confiança nele. Se o funcionário não confia, ele não faz propaganda, não divulga.

2. SERVIR – chamado de Deus para todos em qualquer lugar

Pregadores / Público Empresarial:

Sair da acomodação é muito difícil, porque encontramos os mais aparentes motivos, desculpas ou vantagens nesse estado do que se nos ocupássemos em servir ao próximo. E quem é o próximo? Como o nome diz é aquele que está mais perto fisicamente de você: família, colegas de trabalho, de escola, de igreja, etc. Na maioria das vezes preferimos por acomodação, até inconscientemente, servir o outro que está longe em vez de ajudar o que está mais perto. Desistimos, por exemplo, de investir na recuperação de um relacionamento seja em casa ou no trabalho. O que Maria estava fazendo nas Bodas de Caná (cf. João 2,1-3)? Ela não se acomodou. Percebeu a necessidade daquela família e tomou uma atitude de imediato. Amós, ao ouvir o chamado de Deus para servir, arranjou a desculpa mais esfarrapada dizendo que não era profeta, nem filho de profeta (cf. Amós 7,14-15).

Deus investiu muito em nós. Precisamos dar retorno. Ele espera de nós atitude de entrega, de disponibilidade, seja na igreja, na família, na escola ou no trabalho. Espera ao menos que façamos uma experiência em servi-lo. Ele promete caminhar junto conosco até o fim, sem nos enganar de que o caminho é o da porta estreita. Servir a Deus é amar, perdoar, ser generoso, partilhar o que sabemos, não explorar o outro, perceber a necessidade do outro, é sair do lugar comum, do comodismo. Mas a tendência do homem é fazer sempre a mesma coisa e do mesmo jeito. Assim, não é possível ver a necessidade do outro que, às vezes, é apenas um sorriso, uma palavra, uma pergunta: "Como está?"; "Muito obrigado!"; "Preciso de você"; "Parabéns!"; "Você é importante!"; "Está precisando de ajuda?"; e tantas outras...

O homem, sem perceber, prefere fazer sempre tudo igual ao que já foi feito. Afinal, sair do condicionamento, do lugar comum, recomeçar, abrir-se pode ser incômodo. Então ele prefere se condicionar pelo "assobio do bambu".

Vejamos a história a seguir. Ela ilustra bem o que acontece dentro das igrejas e dentro das empresas.

Sansão e a moenda de cana

Alcebíades era dado privilégios pelos grandes feitos que ocorriam em sua propriedade. Grande parte de seus rendimentos provinha da fabricação de rapadura, para a qual utilizava-se da força de "Sansão", um estimado e forte touro. Atrelado às cordas, o animal puxava a moenda giratória andando em círculo horas a fio, fazendo sair da moenda o delicioso caldo da cana-de-açúcar para a fabricação da rapadura. Porém, essa moenda, com o atrito da engrenagem que se movia a cada volta, emitia um ruído como se fosse um assobio constante. Alcebíades a lubrificava todos os dias, mas após a terceira volta ouvia-se ininterruptadamente aquele chato ruído. Próximo à moenda havia um bambuzal que se dobrava, beijando o chão, com os ventos fortes comuns nos fins de tarde, emitindo um assobio parecido com o da moenda. Sansão acostumou-se tanto com o ruído da moenda que, todas as vezes que o vento assobiava os bambus, ele interrompia seu descanso e, em torno da moenda, dava voltas até o assobio parar sem perceber que a moenda não estava em funcionamento.

Fazia tudo igual todos os dias acreditando estar cumprindo sua obrigação, quando na verdade estava somente se cansando.

Ao falar desse tema em igrejas ou empresas, gosto muito de fazer analogia com a pipoca. Vejam:

Assim como o milho duro se transforma em pipoca macia, o homem pode também se transformar para ser cada vez melhor. O milho de pipoca não é o que deve ser. Ele deve ser aquilo que acontece depois do estouro. Ele é especificamente "milho para fazer pipoca". Ele perde sua função se conservar o seu estado original. O milho de pipoca somos nós: duros. Mas, para se transformar, é preciso experimentar o poder do fogo.

Milho de pipoca que não passa pelo fogo continua a ser milho de pipoca para sempre e sem utilidade. É assim com o homem. As grandes transformações acontecem quando passamos pelo fogo (cf. Eclesiástico 2,5). Quem não passa pelo fogo fica do mesmo jeito a vida toda. É necessário passar por transformações aprendendo jeitos novos de fazer a mesma coisa, estudar, atualizar-se. Quem não os faz são pessoas de uma mesmice assombrosa. Só elas não percebem. Acham que o seu jeito de ser é o mais correto. Mas, de repente, vem o fogo. É quando a vida nos lança em uma situação que nunca imaginamos. Pode ser: perder um amor, um emprego, um filho, bens; ficar doente ou sentir pânico, medo, ansiedade, depressão, sofrimentos cujas causas ignoramos...

Um balde de água e o fogo se apaga. Há sempre um remédio para apagar o fogo. Mas, sem fogo, não há possibilidade da grande transformação. Às vezes, é preciso perder para perceber que é possível mudar. Existem funcionários que acham que não precisam mais estudar. Existem missionários que acham que são os donos da verdade, etc. Dentro da panela fechada e quente, cada vez mais quente, o milho "pensa" que vai morrer. O homem, dentro de sua casca dura, fechado em si mesmo, não vislumbra nenhuma mudança. Não imagina destino diferente. Não pode imaginar a transformação que está sendo preparada. Aí, sem aviso prévio, pelo poder do fogo, a grande transformação acontece e a pipoca aparece completamente diferente, reinando, como ela mesma nunca havia sonhado.

Piruá é o milho de pipoca que não estoura. Podemos dizer nesta metáfora que são aquelas pessoas que, por mais que o fogo esquente, se recusam a mudar. Elas acham que o jeito de ser delas é o mais correto e perfeito. O destino delas é triste. Ficarão duras a vida inteira. Não vão se transformar na flor branca e macia. Não correm o risco da transformação. Não vão dar alegria a ninguém. Terminado o estouro da pipoca, na panela, ficam apenas os piruás que são jogados no lixo. Não têm utilidade.

Todo aquele que está em Cristo é uma nova criatura. Passou o que era velho; eis que tudo se fez novo! (cf. 2Coríntios 5,17).

Se você quiser crescer com a empresa ocupando melhores funções e melhores salários ou se quiser crescer com a igreja fazendo cada vez mais a vontade do Pai, divulgando cada vez mais o amor de Jesus, é preciso deixar de ser piruá e passar pelo fogo para ser uma linda e desejada pipoca; só assim você poderá servir ao próximo.

3. O SENTIDO DA CRUZ

Pregadores:

Poderíamos escrever páginas e páginas e não esgotaríamos "o sentido da Cruz". São Paulo disse em 1Coríntios 2,2: "Julguei não dever saber coisa alguma entre vós, senão Jesus Cristo, e Jesus Cristo crucificado". Paulo aqui nos faz lembrar de que Jesus foi crucificado por cada um de nós e que nós devemos atender somente a ele. Precisamos, hoje, conhecer por experiência a salvação suprema. A determinação do apóstolo Paulo quando chegou a Corinto era de ter não somente um conhecimento intelectual, mas, sim, experimental de Jesus Cristo e sua Cruz.

Vejamos três aspectos da Cruz:

• Cristo crucificado por nós — como nosso substituto — Esse aspecto da Cruz diz respeito à pessoa não regenerada, ou seja, ao homem no estado de pecado e torna possível o perdão dos pecados e a regeneração.

• Crucificados juntamente com Cristo — o nosso libertador — Esse aspecto da Cruz diz respeito ao velho homem, à nossa carnalidade. Possibilita tanto a libertação do poder do pecado como a plenitude do Espírito Santo. Libertos do pecado, estamos abertos à ação do Espírito Santo.

• Cristo crucificado em nós — o que habita em nós — Esse aspecto da Cruz trata não do pecado, do espiritual, mas da humanidade, do homem físico. Trata do homem novo. A cruz diária é para o controle disciplinado do corpo. É por meio da cruz diária que podemos experimentar a oração intercessória e a vitória no combate do mal.

Será que o perdão e a regeneração são tudo o que a Cruz pode fazer por nós? Com certeza não. Deus pode e quer fazer muito mais. Ele vai ao encontro da primeira necessidade do pecador, talvez a única: a salvação da culpa e da penalidade do pecado e, depois de sentir o perdão, o pecado é vivificado para Deus. O pecador percebe que tem de se aproximar ainda mais para experimentar as graças e viver a santidade. Sente, então, que o golpe que deveria cair sobre a sua cabeça, caiu sobre a cabeça de Cristo (cf. Isaías 53,7-8). São Paulo afirma em 1Coríntios 15,3: "Cristo morreu por nossos pecados". Cristo nos leva à Cruz, "(...) se um só morreu por todos, logo todos morreram (...) a fim de que os que vivem já não vivam mais para si, mas para aquele que por eles morreu e ressurgiu" (2Coríntios 5,14-15).

Quantas vezes nós ficamos agradecidos às pessoas que nos ajudam em momentos difíceis, querendo depois agradá-las, recompensá-las de alguma forma? Não é assim que procedemos normalmente? O que você está fazendo para compensar a Deus que deu o seu único Filho para morrer por você?

Para ilustrar, vou contar uma história que muito lembra a nossa atitude diante das "cruzes" da vida. Entre nesta história como uma personagem.

A seca e a cruz

Seu Bil, um nordestino aperreado com tamanha seca e sem esperanças, se revolta contra Jesus e o insulta dizendo que ele não ama a todos igualmente. Já tinha perdido todo o gado e toda a plantação. Tinha escavado com a ajuda dos vizinhos, sem sucesso, toda a propriedade em busca de um veio de água. Resolve, então, fabricar uma cruz com o resto de um tronco seco que sobrara dizendo: "Quero ver Jesus se a cruz é mesmo milagrosa como todos dizem. Quero ver se ela vai nos salvar desta seca. Eu desafio o Senhor. Vou fincá-la aqui bem na frente de minha casa, onde todos a possam ver. Daqui a três dias, se não tiver chovido, vou reunir todos os vizinhos e vou colocar fogo nela".

Sua esposa, muito devota, esbraveja revoltada dizendo que não se desafia Deus. Arruma sua mochila e sai com os seis filhos a pé, sem destino, por aquele sertão. Não tinham mais animal para puxar a carroça. Ao final do terceiro dia, a saudade aperta seu peito e resolve voltar para ter com o marido. Ao chegar na frente de sua casa, ela cai ajoelhada e grita colando o seu rosto por terra: "Socorre-nos Jesus". Seu marido estava na rede desfalecido. Ao levantar-se, vendo que nada tinha acontecido, arranca com todas as forças aquela cruz fincada há três dias e, neste momento, percebe que a terra foi ficando úmida lentamente. Aos poucos um olho d'água é jorrado. Seu marido é despertado aos gritos de alegria. A notícia corre o sertão. Jornalistas vêm de todas as partes. A água era potável e em grande quantidade. Seu Bil, como era chamado, declara: "Este foi o único lugar da propriedade que não escavei para procurar água". E grita: "A cruz me salvou. Ele (Jesus) não morreria em vão".

Público Empresarial:

Excelente história para estimular a potencialidade dos funcionários para encontrar soluções e ideias de melhoria. A cruz aqui simboliza o não desistir antes de percorrer todas as possibilidades. De onde menos esperamos, vem a solução. Assim como o seu Bill havia desistido, não percorrendo todas as possibilidades, muitas empresas são vencidas pelas concorrentes por se contentarem com o que são. Dentro das equipes existem pessoas com muito mais capacidades do que aparentam. É só estimulá-las. A cruz simboliza também os problemas do homem. Ele pode ter duas visões: cruz como peso e só sofrimento ou cruz como oportunidade de enfrentar desafio e ver algo novo.

A exemplo dessas histórias e analogias relatadas, você, caro leitor, pode e deve utilizar-se de tantas outras para valorizar o conteúdo e o objetivo daquilo que quer transmitir em sua oratória.

Concluí a última linha. São exatamente 12 horas de um domingo. Desligo o computador e, ao sair do escritório, me surpreendo com a oração que faço em voz alta enquanto fecho a porta e olho para o meu jardim — volto para registrá-la:

Acabei, graças a ti Senhor. Que este livro leve as pessoas a anunciarem o teu Reino mais do que eu. Eu tenho a técnica, mas muitas pessoas têm mais dom para evangelizar do que eu. Então, que estas técnicas, Senhor, ajudem a todos a serem proclamadores de tua verdade. Amém.

Referências bibliográficas

BARBEIRO, Heródoto. *Falar para Liderar.* São Paulo: Ed. Futura, 2003.

BARBOSA, Osmar. *A Arte de Falar em Público.* Rio de Janeiro: Ed. Tecnoprint, 1986.

BÍBLIA SAGRADA, 126ª edição, São Paulo: Ed. Ave-Maria, edição Claretiana, 1999.

BLOCH, Pedro. *Comunicação Oral da Criança e do Adulto.* Rio de Janeiro: Ed. Revinter, 2002.

BOONE, R. Daniel e McFARLANE, Stephen. *A voz e a Terapia Vocal.* Ed. Artmed, 2003.

CUNHA, Abdon de Morais. *Técnicas de Falar em Público.* Goiânia: Ed. AB, 1994.

SILVEIRA, Hedy. *História de Eloquência.* Rio Grande do Sul: Oficinas Gráficas da Livraria Globo, 1937.

HEGRE, T.H. *Vida que Nasce da Morte.* Belo Horizonte: Ed. Betânia, 1977.

MILITÃO, Albigenor & Rose. *Histórias & Fábulas Aplicadas a Treinamento.* Rio de Janeiro: Ed. Qualitymark, 2002.

OLIVEIRA, Marques. *Como Persuadir Falando.* Rio de Janeiro, Ed. Tecnoprint, 1989.

POLITO, Reinaldo. *A influência da Emoção do Orador no Processo de Conquista dos Ouvintes.* São Paulo: Ed. Saraiva, 2001.

_____. *Como falar corretamente e sem inibições.* São Paulo: Ed. Saraiva, 1990.

Impressão e acabamento:
GRÁFICA AVE-MARIA
Estrada Comendador Orlando Grande, 88 – 06833-070
Embu, SP – Brasil – Tel.: (11) 4785-0085 • Fax: (11) 4704-2836

EDITORA **AVE-MARIA**

Receba informações sobre nossos lançamentos:

Televendas: 0800 7730 456 (2ª a 6ª feira, das 8h às 17h45)
e-mail: comercial@avemaria.com.br

Nome: _____ Profissão: _____
Data de nascimento: ___/___/___ Estado civil: _____ Escolaridade: _____
Endereço residencial: _____
Bairro: _____ Cidade: _____ Estado: _____
CEP: _____ Tel.: _____ Fax: _____
e-mail: _____

Costuma comprar livros através de:

☐ Call-center (Centro de atendimento gratuito)   ☐ Feiras e eventos
☐ Internet   ☐ Livrarias   ☐ Mala direta

Assuntos de seu interesse:

☐ Autoajuda   ☐ Espiritualidade   ☐ Novenas e Devoções
☐ Catequese   ☐ Literatura Infanto-juvenil   ☐ Pastoral e Evangelização
☐ Ciências Sociais   ☐ Liturgia   ☐ Teologia
☐ Sagrada Escritura   ☐ Mariologia

CARTÃO-RESPOSTA
NÃO É NECESSÁRIO SELAR

CARTÃO-RESPOSTA
462697-DRSPM
AVE-MARIA
CORREIOS

O SELO SERÁ PAGO POR
AÇÃO SOCIAL CLARETIANA

EDITORA
AVE-MARIA

01214-999 - SÃO PAULO - SP